AF544205

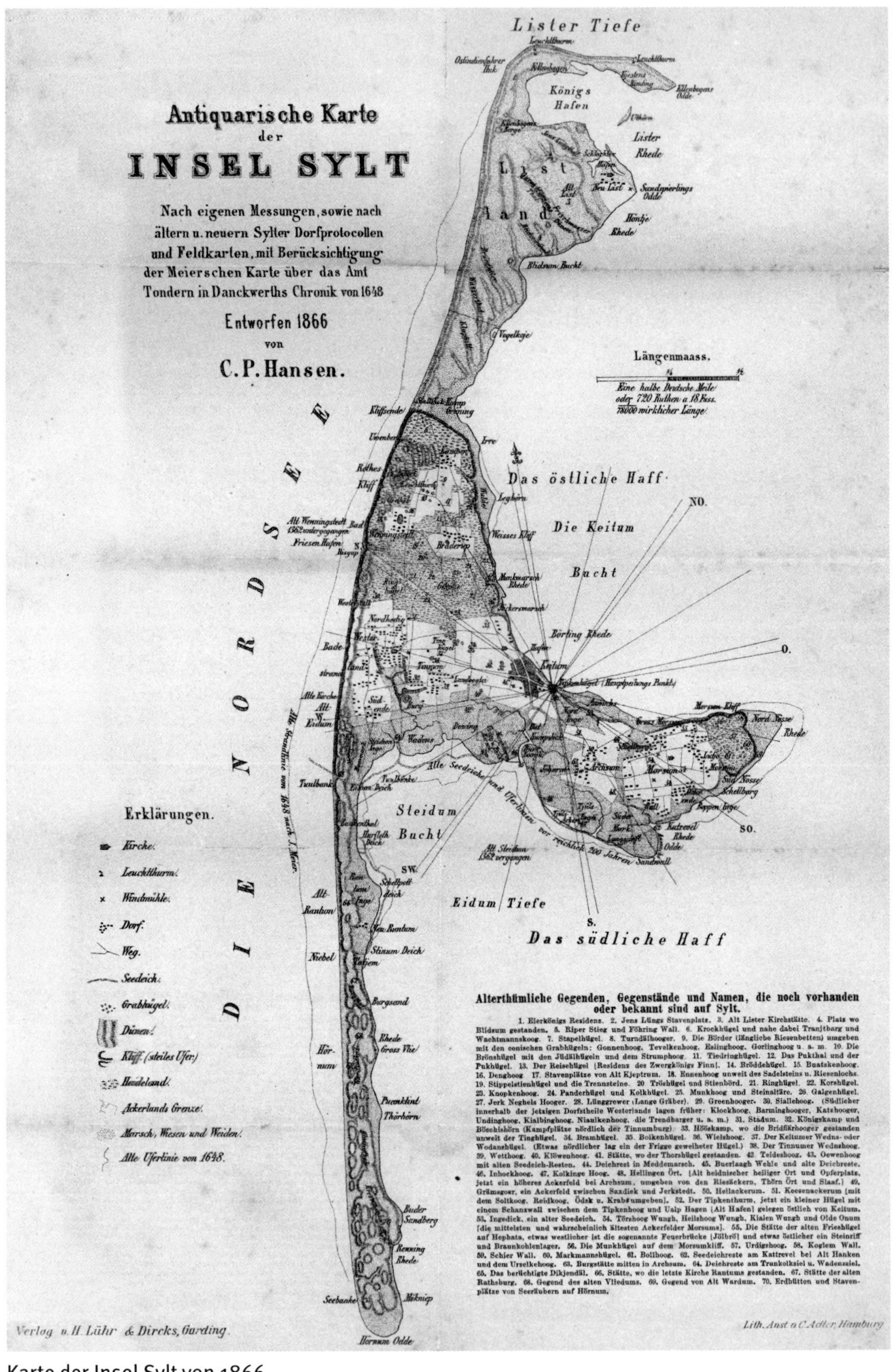

Karte der Insel Sylt von 1866.

SYLT

in historischen Fotografien

Für Caspar

Westerland 1906.

Dirk Jacobsen

SYLT

in historischen Fotografien

Herausgegeben von Dorothée Engel

SUTTON ARCHiV

Impressum

Sutton Verlag GmbH
Schweickhardtstraße 1
72072 Tübingen
www.suttonverlag.de
Copyright © Sutton Verlag, 2016
3. Auflage, 2023
ISBN: 978-3-95400-702-8
Printed in Poland by CGS Printing
Gestaltung und Herstellung: Sutton Verlag

Dieses Projekt wurde vermittelt durch:
Hamburger Buchkontor, Dorothée Engel
www.hamburger-buchkontor.de
Im Gedenken an BK

Vorsatz: Auf dem Autozug in den 1960er-Jahren.
Nachsatz: Die Hörnumer Odde, um 1954.

In diesem Buch wird aus Gründen der besseren Lesbarkeit das generische Maskulinum verwendet. Weibliche und anderweitige Geschlechteridentitäten werden dabei ausdrücklich mitgemeint, soweit es für die Aussage erforderlich ist.

Sollte dieses Werk Links auf Webseiten Dritter enthalten, so machen wir uns die Inhalte nicht zu eigen und übernehmen für die Inhalte keine Haftung.

Inhaltsverzeichnis

Dank

Mein Dank gilt vor allem meiner Familie, die mir die große Sammlung von Fotos, Dias und Negativen überlassen hat. Bei der Zusammenstellung der Aufnahmen und Textdokumentationen für dieses Buch haben mich meine Frau und meine Kinder maßgeblich unterstützt. Gewidmet ist das Buch unserem Enkel Caspar Jacobsen, geboren am 20. November 2015. So hat er irgendwann auch einmal Bilder zu den vielen Geschichten und sieht, wie sich seine Heimat im Laufe der Jahre verändert hat. Mit Caspar lebt unsere Familie in der 14. Generation auf Sylt.

Darüber hinaus möchte ich mich bei Renate Krüger bedanken, die meine Sammlung mit vielen Fotos bereichert hat.

Sabine Jacobsen vor der „Alten Friesenstube“ in Westerland, 1963.

Einleitung

Sylt: Deutschlands viertgrößte Insel, größte Nordseeinsel und Sehnsuchtsinsel vieler. Ihr eilen die Geschichten von den Reichen und Schönen voraus. Aber Sylt war einmal die Insel der Walfänger, Seefahrer und Austernzüchter. Ich möchte Ihnen ein Sylt vorstellen, das Sie wahrscheinlich so nicht kennen. Das Sylt der traditionellen Friesenhäuser und der wilhelminischen Bäderarchitektur, das der Bauern und Landarbeiter. Ich lade Sie ein auf eine Rundfahrt über die Insel: Von Westerland über Wenningstedt, Kampen und List zurück nach Tinnum, Braderup, Archsum und Morsum und bis nach Rantum und Hörnum. Unsere Rundfahrt umfasst den Zeitraum zwischen 1900 und ca. 1975. Während dieser Zeit hat sich die Insel sehr verändert. Nicht nur, dass die wilhelminischen Bädervillen den Bausünden der 1970er-Jahre weichen mussten, auch die Insel selbst musste weichen – dem Blanken Hans. Zwischen 1871 und 1952 verlor Sylt im Süden ca. 40 Zentimeter und im Norden ca. 70 Zentimeter Land. In den letzten 65 Jahren hat sich allein die Südspitze um mehr als die Hälfte reduziert.

Seit dem Bau des Hindenburgdamms 1927 kann man die Insel bequem mit dem Zug erreichen. In den Jahren zuvor waren die Badegäste noch auf die Fähre angewiesen, die im Hafen Munkmarsch anlegte. Von dort wurden sie mit Kutschen nach Westerland gebracht, bis 1888 die ersten Züge der Sylter Inselbahn verkehrten.

Mit der Ernennung Westerlands zum Seebad, Mitte des 19. Jahrhunderts, erfreute sich das Kuren auf der Insel wachsender Beliebtheit. Immer mehr Sommerfrischler nahmen die lange Anreise auf sich, um an die Nordsee zu kommen. Rund 100 Jahre später, Ende der 1960er-Jahre, machte Sylt erstmals wegen seiner „Promidichte" von sich reden. Stars und Sternchen aus Funk und Film hatten die Insel für sich entdeckt und von Stund an hieß es „sehen und gesehen werden". Am Strand sogar ohne Kleidung. Kaum vorstellbar, was Thomas Mann, der drei Sommer im Haus „Kliffende" in Kampen verbrachte, 1927 an seinen Bruder schrieb: „Die Reize dieser Insel sind keusch und karg".

Meine Familie lebt jetzt in 14. Generation auf der Insel. Sylt ist unsere Heimat und immer etwas Besonderes. Lassen Sie sich also von der Faszination verzaubern und tauchen Sie ein in die Geschichte unserer Insel.

Dirk Jacobsen
Westerland im März 2016

Autor Dirk Jacobsen in Süderende, Westerland, 1961.

Die Westerländer Friedrichstraße im Jahr 1956. Im Hintergrund, am Ende der Straße, ist das Hotel „Deutscher Kaiser“ zu sehen.

Westerland

1462 wird Westerland das erste Mal urkundlich erwähnt. Der Ort wurde von den Überlebenden der Sturmflut von 1436, die ihr Dorf Eidum zerstört hatte, gegründet. 200 Jahre später bauten sie die Dorfkirche St. Niels, die 1637 geweiht wurde. Zu Beginn des 19. Jahrhunderts war Westerland ein kleiner Ort, dessen Einwohner arm waren und den Naturgewalten trotzen mussten. Erst mit der Auszeichnung „Seebad" im Jahr 1855 begann der Aufstieg. Im ersten Sommer kamen allerdings nur 98 Gäste. Das änderte sich mit dem Bau des Hindenburgdamms, 1923–1927. Der Reichspräsident und Namensgeber Paul von Hindenburg weihte die Strecke am 1. Juni 1927 ein. In den folgenden Jahrzehnten wurde der Fremdenverkehr zur Haupteinnahmequelle.

Arbeiter beim Bau des 11,3 Kilometer langen Hindenburgdamms, 1923 bis 1927.

◄ Mehr als 1.500 Arbeiter waren am Bau des Damms beteiligt. Sie verarbeiteten über drei Millionen Kubikmeter Sand und Klei und über 100.000 Tonnen Steine.

Bau der Drehscheibe in Westerland. Die Loks wurden seinerzeit im Sackbahnhof umgesetzt.

◄ Dammbauer bei der Arbeit.

Der Bau des Reichsbahnhofes Westerland in den 1920er-Jahren …

… und kurz vor der Fertigstellung.

Nach der Fertigstellung des Hauptbahnhofs gab es am 1. Juni 1927 eine große Eröffnungsfeier. Diese Aufnahme entstand um 1928.

Der Hindenburgdamm ist eingeweiht, der Bahnhof steht: Die ersten Reisenden sind begeistert.

Der erste Passagier, der mit dem Zug über den Hindenburgdamm fuhr, war sein Namensgeber Reichspräsident Paul von Hindenburg. Nach der Ankunft wurde im Kurhaus von Westerland festlich gefrühstückt.

Reichspräsident Hindenburg hatte bei der Eröffnungsfeier zwei Wagen zur Auswahl: einen geschlossenen für schlechtes Wetter und ein Cabrio.

Das eigens zur Eröffnung des Hindenburgdamms aufgestellte Festtor auf der Wilhelmstraße. Links das Haus Erichsen, rechts das „Hotel Victoria“. (Foto: Renate Krüger)

Auch die Sylter Ortsvereine beteiligten sich zahlreich am Festumzug zur feierlichen Eröffnung. Hier auf der Strandstraße. Im Hintergrund links das „Hotel Atlantic". (Foto: Renate Krüger)

Wassermann

Das „Hotel Seeburg“ auf der noch nicht asphaltierten Friedrichstraße im Jahr 1933.

H.B. Jensen am Anfang der Friedrichstraße. 1855 als Kolonialwarenladen in der Stadumstraße von Hans Boy Jensen gegründet, erwarb der Geschäftsführer Friedrich Alwart nach einem Brand im Jahr 1906, der das „Strandhotel Krüger“ zerstörte, das Grundstück und baute dort 1907 das Kaufhaus an seinem heutigen Standort. (Foto: Renate Krüger)

Ab 1932 wurden auch Kraftfahrzeuge mit dem Zug nach Sylt befördert. Bis zum Zweiten Weltkrieg allerdings nur auf einem Kfz-Güterzug. Seit 1950 darf man im Fahrzeug sitzen bleiben. Anfangs fuhren vier Autozüge täglich, im Folgejahr bereits sechs.

Die Friedrichstraße in den 1960er-Jahren. Das beliebteste Auto? Anscheinend der Käfer …

… oder vielleicht doch nicht? Mehr und mehr Gäste nutzten den Autozug und reisten mit dem eigenen Pkw an. Schon bald stieß die bis 1976 befahrbare Friedrichstraße, hier Ende der 1960er-Jahre, an ihre Grenzen.

Das „Hotel Monbijou“ an der oberen Friedrichstraße, ca. 1930. Ihren Namen verdankt die Friedrichstraße zwei Westerländern: Friedrich Wünschmann und Friedrich Erichsen, die Teile ihrer Liegenschaften unentgeltlich zum Ausbau der Straße zur Verfügung gestellt hatten.

Sturmerprobt: Das „Hotel Miramar“ eröffnete im Jahr 1903. Zu seinen illustren Gästen gehörten beispielsweise Gerhart Hauptmann, Gustav Stresemann, Hans Albers und Max Schmeling. Dieses Foto entstand 1954.

Am „Hotel Miramar“ vorbei, hinten links, geht es runter zur Strandpromenade, 1910.

Foto aus dem Jahr 1927. Zwei Damen auf der Westerländer Strandpromenade. Im Hintergrund ist wieder das „Hotel Miramar“ zu erkennen.

Kaffeepause auf der Strandpromenade vor der Musikmuschel im Jahr 1934.

Die „Nordsee-Terrassen“ im Jahr 1959, mit Meeresblick in erster Lage.

Zum Strand- und Badeleben gehörten 1906 nicht nur riesige Strandburgen, sondern auch eine ausreichende Beflaggung. Bereits damals galt: mehr, höher und größer als der Strandnachbar.

Strandleben 1919: kleine Beflaggung und im Partnerlook.

Westerland 1914. Die Bademode war noch züchtig und zum Umziehen dienten Badekarren.

Weihnachten 1921, nach der schweren Sturmflut. Die Buhnen konnten die massiven Schäden an der Strandpromenade, am Übergang zur Strandstraße, nicht verhindern.

Die Westerländer Strandpromenade 1958. Im Hintergrund werden am Flutsaum neue Buhnen zum Schutz vor Sturmfluten eingerammt. Die ersten Buhnenreihen wurden bereits 1872 gesetzt.

Auch 1961 schlagen bei einer Sturmflut die Wellen an der Strandpromenade in den Himmel. Immer wieder müssen die beschädigten Geländer erneuert werden .

Die überschwemmte Stephanstraße im Jahr 1961.

Während zu Beginn des 20. Jahrhunderts Damen- und Herren-Strände noch streng getrennt waren, eröffnete auf Sylt bereits in den 1920er-Jahren der erste FKK-Strand. Ab den 1950er-Jahren wurde die Insel zum Eldorado der Freikörperkultur.

Doch nicht jeder konnte der Freikörperkultur etwas abgewinnen. Von Romy Schneider ist über das Sylter Strandleben der Satz überliefert: „In jeder Welle hängt ein nackter Arsch."

◄ Die Bademode im Jahr 1965. Links im Hintergrund das „Hotel Miramar".

Strandabschnitt für
FREIKÖRPERKULTUR
„ABESSINIEN"
Jnnerhalb des offiziellen
Badestrandes ist das
Baden ohne Bekleidung
verboten.

◂ Die FKK-Strände Sylts tragen wundersame Namen: Abessinien, Samoa und Sansibar. Als am 19. Oktober 1935 der französische Frachtdampfer „Adrar“ am Weststrand anlegte – angeblich mit einer Waffenladung für Abessinien, was aber gar nicht stimmte – wurde der Strandabschnitt im Volksmund Abessinien genannt; was sich bis heute gehalten hat.

Immerhin mit Pudelmütze. Also nicht ganz nackt.

Direkt an der Düne stand in bester Lage das Kur-Badehaus. Das Gruppenfoto der Freiwilligen Feuerwehr Westerland stammt aus dem Jahr 1955.

Strandübergang zur Strandstraße. Das Foto wurde in den 1920er-Jahren aufgenommen. Links wird später ein Minigolfplatz entstehen, der 1962 wiederum dem Bau des Wellenbads weichen muss.

Blick auf die Strandstraße von der Strandpromenade aus, um 1957. Häuser wie das „Hotel Atlantic" oder das Haus Flora mit dem Zwiebelturm sucht man heute vergebens. Rechts: die Villa Roth.

Das Haus Flora in der Strandstraße mit Blick nach Westen auf den Strandübergang und das Meer.

Im Jahr 1910: Ging man von der Strandstraße Richtung Osten, kam man zum Kurhaus, das im Juni 1898 feierlich eröffnet worden war.

Während des Ersten Weltkriegs gab es die Sylter Inselwache, die am Strand patrouillierte. Gruppenbild einiger Mitglieder der Inselwache vor dem Kurhaus in Westerland, um 1917. (Foto: Renate Krüger)

Das mittlerweile zum Rathaus umgebaute Kurhaus ist immer noch ein beliebtes Hintergrundmotiv. Hier im Jahr 1952.

Wer 1928 von A nach B wollte, nahm sich eine Kraftdroschke. Im Wagen sitzt Fritz Hansen. Rechts im Hintergrund erkennt man den Turm des Sylter Kinderheims und links das „Hotel Monbijou" in der Friedrichstraße. (Foto: Renate Krüger)

Rechts neben dem Rathaus lag der alte Nordbahnhof. Wenn man kein so schickes Cabrio besaß, machte man eben eine Tour mit der Sylter Inselbahn.

Ein Informationskasten der Sylter Verkehrs Gesellschaft im Jahr 1953. Inselrundfahrten starteten täglich um 14 Uhr ab dem rechts neben dem Nordbahnhof liegenden Postamt.

Die Sylter Inselbahn, von den Insulanern liebevoll „Rasende Emma“ genannt, war eine Schmalspurbahn mit 1.000 Millimeter Spurweite, die von 1888 bis 1970 auf Sylt verkehrte. Es gab die Nord-, die Ost- und die Südbahn. Hier ein Schienenbus aus den 1950er-Jahren. Seinerzeit wurden Borward-Sattelschlepper zu Schienenbussen umgebaut.

Die Südbahn fuhr von Westerland über Rantum und weitere Haltestellen nach Hörnum. Sie brachte insbesondere auch die Passagiere, die am Hörnumer Anleger ankamen, nach Westerland. Nach dem Zweiten Weltkrieg wurden die Dampflokomotiven peu à peu durch Diesellokomotiven und vor allem Dieseltriebwagen abgelöst.

Bis 1935 war die Südbahn die einzige Verbindung nach Hörnum, da die Straßen nur bis Rantum ausgebaut waren. Sie musste also auch bei Hochwasser fahren, wie hier im Jahr 1950.

Die alte Friesenstube im Gaadt ist seit 1955 ein gastronomischer Betrieb. Das Haus in Westerland wurde 1648 gebaut; zum Teil aus Steinen der 1634 eingestürzten Eidumer Kirche, deren Überreste heute weit draußen im Meer liegen. Im Garten lagen lange Zeit zwei Granitblöcke, frühere Treppenstufen der Eidumer Kirche.

18
26
Zur Alten Friesenstube
HOLSTEN BIER
HOLSTEN BIER

Das Elternhaus des Autors in Westerland, Gaadt 14. Ein Foto aus dem Jahr 1933. Das Haus befindet sich noch immer in Familienbesitz.

Ein Blick vom Strandübergang „Himmelsleiter“ auf Westerland im Jahr 1933. Rechts ist das Kurt-Pole-Heim zu sehen, das dem „Hotel Dorint“ weichen musste.

Soldaten auf dem Schützenplatz in Westerland, 1940. Im Zweiten Weltkrieg waren ca. 10.000 Soldaten auf Sylt stationiert und zahlreiche Geschützbunker sowie Flakstellungen wurden in die Dünen gegraben. Doch die erwartete Invasion der Alliierten blieb aus.

Pausierende Soldaten 1940 in Westerland. Im Hintergrund das Kurt-Pole-Heim an der Schützenstraße. Die Briten flogen mehrmals gezielte Angriffe auf die Insel. Massive Zerstörungen waren aber kaum zu verzeichnen.

Wenningstedt, Braderup, Munkmarsch

Im Sommer 1859 kamen die ersten Kurgäste nach Wenningstedt, die zunächst wenig begeistert waren: „Manche Bequemlichkeit fehlt am Badestrande von Wenningstedt", beklagte sich noch 20 Jahre später ein Badegast. Das sollte sich grundlegend ändern … Bis zu Beginn des 19. Jahrhunderts lebten die Einwohner Wenningstedts und Braderups hauptsächlich von Fisch- und Walfang und der Landwirtschaft. Munkmarsch wird erstmals 1422 erwähnt – als Besitz des dänischen Klosters Ribe. Nachdem der Keitumer Hafen versandet war, wurde in Munkmarsch ab 1859 ein neuer Hafen gebaut, der zum wichtigsten Fährhafen der Insel wurde und dafür sorgte, dass sich immer mehr Familien dort ansiedelten. Von Munkmarsch aus verkehrten dann Post-, Versorgungs- und Fährschiffe sowie ab 1888 die ersten Züge der Inselbahn.

Das Rote Kliff bei Wenningstedt und die Promenade, ca. 1950. Rechts das noch heute existierende Restaurant „Kliffkieker", damals noch „Strand Café", das mittlerweile direkt an der Kliffkante steht.

Der schweren Sturmflutserie im Dezember 1954, mit massiven Dünenabbrüchen, fiel in Wenningstedt das Hotel „Zum Kronprinzen" zum Opfer. Beim Bau des Hotels im Jahr 1905 lag es noch ca. hundert Meter von der Kliffkante entfernt.

Fünfzig Jahre später stand das Haus bereits direkt an der Kliffkante. Seit Jahren konnten die Gäste, deren Zimmer Meerblick hatten, direkt in die tosenden Wellen gucken. Das Gebäude sollte abgerissen werden, um dem Absturz zuvorzukommen. Doch die Entscheidung wurde zu spät getroffen.

Das Witthüs am Dorfteich in Wenningstedt in den 1950er-Jahren.

Strandleben in Wenningstedt im Jahr 1942. Schon damals kam man über Holztreppen zum Strand …

… oder aber über in den Dünen angelegte Serpentinen.

Mitte der 1930er-Jahre war Segelfliegen ein kraftraubendes Hobby. Der Start vom Kliff in Wenningstedt, vom hohen Dünenkamm, Startrichtung Meer, gegen den strammen Westwind, der das Flugzeug schnell trug, war wunderbar. Später mussten die Flieger oft mühsam nach oben gezogen werden.

Die Wenningstedter Kurverwaltung im Jahr 1973. Ein Foto für Oldtimer-Fans.

Die Friesenkapelle in Wenningstedt, 1939. Sie wurde am 20. Juni 1915 feierlich geweiht.

Im Ortskern von Braderup, auf einem 4.500 Quadratmeter großen Wiesengrundstück, liegt noch heute das Friesenhaus Jensen. Das über 350 Jahre alte Gebäude ist mindestens seit 1638 in Familienbesitz. Die Aufnahme stammt aus dem Jahr 1953.

Die Ostbahn der Sylter Inselbahn führte vom damaligen Hafen Munkmarsch an der Ostküste der Insel entlang nach Westerland. Die Fahrtzeit Munkmarsch–Westerland betrug ca. zwölf Minuten und war von der Tide abhängig bzw. vom Fahrplan der Fährschiffe.

Der Schoner Mariann, Anfang der 1960er-Jahre. Zwei Sylter hatten das Schiff in den Hafen von Munkmarsch geschleppt, um dort darauf ein Café zu errichten. Die Behörden teilten ihre Begeisterung allerdings nicht. Während der Februarsturmflut 1961 riss sich das Schiff los und trieb ins Braderuper Watt, wo es liegen blieb. In den 1980er-Jahren brannte es bis zur Flutlinie ab. Bei Ebbe sind seine Überreste immer noch zu sehen.

Das Fährhaus Munkmarsch, um 1885. Seinerzeit war Munkmarsch der wichtigste Hafen der Insel. Hier kamen die Sommerfrischler an und die Insulaner fuhren mit dem Dampfer aufs Festland. Das änderte sich 1927 mit dem Bau des Hindenburgdamms. Im 1868 gebauten Fährhaus konnten die Passagiere bequem auf die Abfahrt ihres Schiffes warten. Das schlichte Holzhaus diente zunächst als einfache Hafengaststätte, wurde 1880 jedoch abgerissen und durch ein Hotel mit Restaurant ersetzt.

Der Hafen in Munkmarsch mit dem Fährhaus.

Munkmarsch im Jahr 1959. Blick auf den Hafen; im Hintergrund ist links das Fährhaus zu sehen, das mittlerweile ein Restaurant ist.

Kampen

Bis in die Anfänge des 19. Jahrhunderts war Kampen ein einfaches, armes Dorf, da der karge Heideboden nicht viel abwarf. Mit Aufkommen des Fremdenverkehrs sollte sich das maßgeblich ändern. Die Städter wollten in die Natur und das Meer genießen – von beidem hatte Kampen reichlich zu bieten. Vor allem Künstler, Schriftsteller und andere Intellektuelle zog es zu Beginn des 20. Jahrhunderts in den Ort. Namen wie Thomas Mann, Kurt Tucholsky, Emil Nolde oder Peter Suhrkamp sprechen für sich. In den 1960er-Jahren hielt die Schickeria Einzug. Gunther Sachs hatte Sylt für sich entdeckt und in seinem Schlepptau kamen Stars und Sternchen oder solche, die sich dafür hielten, nach Kampen.

Die Kurhausstraße in Kampen in den 1960er-Jahren. Im Hintergrund das alte Kurhaus.

Das in der Kampener Ortsmitte gelegene „Kamp Hüs“, in dem heute die Kurverwaltung und der Kursaal untergebracht sind. In den 1960er- und 1970er-Jahren war es der Treffpunkt der Partygänger, die von dort aus den Strönwai (besser bekannt als Whiskymeile) eroberten.

Zu Beginn des 20. Jahrhunderts zog es viele Künstler und Intellektuelle nach Kampen. Das 1923 erbaute Haus „Kliffende“ war das von vielen bevorzugte Feriendomizil. Dieses Foto entstand um 1950. ▶

Kliffende

Einer der beliebtesten Clubs war das „Pony“. Anfang der 1960er-Jahre eröffnet, erlebte das „Pony“ Mitte bzw. Ende der 1960er-Jahre seinen ersten Höhepunkt. Der Tiroler Gebi Götsch und seine aus Hamburg stammende Frau Renate machten den Club weltberühmt. Eine illustre Gästeschar sorgte für

Schlagzeilen und reichlich Umsatz. Gunter Sachs soll über den Club einmal gesagt haben, er sei eine „Landebahn für Erosbummler“...

Außenansicht des legendären und beliebten Clubs.

Wer die Einlasskontrolle des „Pony" überstanden hatte, konnte damals zwischen zwei Tresen wählen. Einer holzgetäfelten Cocktail-Bar ...

... und einer gekachelten Bierbar.

Die alte Sturmhaube. Von 1936 bis 1968 beherbergte sie neben einem Restaurant auch das Büro der Kurverwaltung und Umkleidekabinen für die Strandbesucher. Als durch Sturmfluten das Kliff immer näher rückte, wurde das Gebäude abgerissen und die Sturmhaube neu gebaut.

▲
Das Leuchtfeuer Kampen, hier auf einem Foto aus dem Jahr 1910, leuchtete erstmals 1856. Der Turm wurde aus gelben Bornholmer Klinkern gemauert. Bis zum Jahr 1953 hatte der Leuchtturm eine gelbgraue Farbe, die Klinker waren verwittert. Dann erhielt er seine markante schwarz-weiße Tageskennung.

Der achteckige Leuchtturm „Rotes Kliff“ wurde zwischen 1912 und 1913 zur Warnung vor einer Sandbank in der Einfahrt zum Lister Tiefgebaut. Die Elektrifizierung erfolgte 1936. Das Foto zeigt den in den Dünen stehenden Leuchtturm im Jahr 1953.

Der Gasthof „Zum Roten Kliff“ in Kampen. (Foto: Renate Krüger)

Die alte Strandvogtei, gebaut im Jahr 1786, im Ortskern Kampen. Die Aufnahme stammt von 1953.

Die „Kupferkanne“ ist eine Kampener Institution. Als der 35-jährige Bildhauer Günter Rieck acht Tage vor Kriegsende als Oberleutnant der Kriegsmarine nach Sylt kam, wurde ihm nach der Kapitulation ein halb in die Erde eingelassener Flakbunker neben einem der 800 Hünengräber der Insel zugewiesen. Riek grub sich ein Schlafzimmer in die Erde, meißelte ein großes Fenster in den Bunker und fertig war sein Atelier, in dem er Vasen aus Wattschlick formte. 1950 wurde aus dem Atelier ein Künstlerlokal, die „Kupferkanne“.

List

List auf Sylt ist die nördlichste Gemeinde Deutschlands. Anfang des 19. Jahrhunderts lebten hier gerade einmal 100 Menschen. Dies änderte sich, als zwischen den Weltkriegen hier ein Fliegerhorst eingerichtet wurde und fortan tausende Soldaten in List lebten. Dementsprechend wandelte sich in den 1930er-Jahren das Ortsbild, schließlich mussten Unterkünfte gebaut werden. In dieser Zeit wurde auch die Kirche St. Jürgen als Garnisonskirche gebaut.

1910 wurde die erste staatliche Austernzucht eröffnet. Man legte große Bassins an, die mit dem Meer verbunden waren, um Brutaustern anzusiedeln. Nach dem Ersten Weltkrieg musste der Betrieb aufgegeben werden; die Bassins waren undicht geworden. Mittlerweile kann man zum Glück wieder Sylter Austern genießen.

Blick auf das Mannemorsumtal am Anfang der 1960er-Jahre. Rechts die alte Wetterwarte, die bis ca. 1964 in Betrieb war.

Die Haltestelle Klappholttal im Jahr 1957. Die Nordbahn erschloss die Ortschaften nördlich von Westerland. Wichtige Stationen waren Wenningstedt, Kampen und der Endbahnhof List. Fahrzeit: 41 Minuten. Die Ostbahn führte nördlich der Ost-West-Achse der Insel vom damaligen Fährhafen Munkmarsch an der Ostküste bis Westerland. Fahrtzeit: 12 Minuten.

Sommer-Kostümfest, an der Haltestelle Klappholttal im Jahr 1926. Der Hamburger Knud Ahlborn kaufte 1919 die Sylter Kriegslager Klappholttal und Puan Klent. Klappholttal wird Treffpunkt der Freideutschen Bewegung, einer Jugendorganisation.

Urlauber in Klappholttal im Jahr 1926. Ein Kostümfest, ...

... das ausgesprochen lustig gewesen sein muss.

Etwas weiter, im Listland, kurz vor dem Ellenbogen, war die Strandhalle in den Dünen ein beliebtes Ausflugsziel. Ob mit dem Bus oder dem eigenen Pkw, die Massen strömten zu Kaffee und Kuchen in bester Lage, hier um 1950.

Die alte Strandhalle im Jahr 1951.

Am Lister Ellenbogen im Jahr 1965. Im Hintergrund links ist das Westfeuer zu sehen.

Bau der staatlichen Austernanlagen im Jahre 1910. Der Königshafen von List war zeitweise Stützpunkt einer ertragreichen Austernfischerei.

Schafe gehören seit jeher zum Straßenbild von List. „Heilige Schäfchen" vor der 1934 gebauten Kirche St. Jürgen.

Schafe hatten in List immer Vorfahrt. Hier am Brünk, Ecke Alte Dorfstraße, gegenüber der Kurverwaltung im Jahr 1960.

Der alte Gasthof in List, im Jahr 1932. 1650 als Bauernhaus gebaut, wurde das Haus 1804 zum Gasthof umgebaut und 1912 zum Austernrestaurant.

Das 1881 eröffnete Restaurant „Königshafen“ ist seit mehr als 100 Jahren in Familienbesitz. Hier ein Foto aus dem Jahr 1889. (Foto: Renate Krüger)

Anders als in Kampen, wo reetgedeckte Häuser vorgeschrieben waren, durfte es in List auch Hartbedachungen geben. Wie hier das Haus am Brünk in der Alten Dorfstraße, aufgenommen im Jahr 1954.

Die Siedlung Süderhörn, hier ein Foto aus dem Jahr 1960, ist allerdings gänzlich mit Reet gedeckt.

Die erste Autofähre von List nach Dänemark, die ANÖ, wurde noch seitlich beladen. Um die Pkw-Plätze optimal zu nutzen, wurden die letzten Autos „rumgewuppt“. Dieses Foto stammt aus dem Jahr 1965.

1965 konnte man im Lister Hafen die Krabben noch fangfrisch vom Kutter kaufen.

Tinnum, Keitum, Archsum, Morsum

Tinnum wird 1440 erstmals urkundlich erwähnt. Von 1547 bis 1868 residierten hier die Sylter Landvögte. Während des Baubooms in den 1920er- und 1930er-Jahren veränderte sich Tinnum nachhaltig. Keitum war lange Zeit Hauptort der Insel – bis zum Jahr 1905. Aufgrund der Lage am Watt wurde das erste Hotel erst um 1970 gebaut, die zahlreichen historischen Friesenhäuser bereits Ende des 18. Jahrhunderts. Bis Anfang des 19. Jahrhunderts war Morsum die größte Gemeinde der Insel. Die Landwirtschaft prägte das Leben der Morsumer. Eine ebenso große Bedeutung hatten Seefahrt und Landwirtschaft für die Menschen in Archsum, das 1462 erstmals erwähnt wird.

Der Bahnhof von Tinnum im Jahr 1927, als der Hindenburgdamm eröffnet wurde.

Das Altfriesische Haus wurde im Jahr 1739 in Keitum als Wohnhaus für einen Kapitän gebaut. Im 19. Jahrhundert lebte hier Christian Peter Hansen (1803–1879), Lehrer und Chronist Sylts. Das Foto stammt von 1919.

Die Keitumer Kirche ist die bedeutendste Kirche auf Sylt. 1240 wird sie erstmals urkundlich erwähnt. Der Turm wurde um 1450 gebaut und diente bis 1603 als Seezeichen. Außergewöhnlich ist die Lage außerhalb des Ortes auf einer Anhöhe. Das Foto zeigt St. Severin in einem Winter in den 1920er-Jahren. (Foto: Renate Krüger)

Keitum im Jahr 1924. ►

INSEL SYLT
KEITUM.

Das Landschaftliche Haus in Keitum in den 1960er-Jahren. In dem 1764 gebauten Gebäude trafen sich bis ca. 1879 die Landesbevollmächtigten, eine Art bäuerliche Selbstverwaltung mit eigener Rechtsprechung. 1835 wurde das Haus Sylts erstes „richtiges“ Gasthaus, in dem das gesellschaftliche Leben der Insel stattfand. In den 1960er- und 1970er-Jahren gaben sich hier viele Prominente die Klinke in die Hand.

Keitum, Gurstig. Der Nordfriesische Gasthof im Jahr 1903. Das Haus wurde 1870 gebaut und musste 1962 dem Neubau des Hauses Pfalzgraf weichen. Die handschriftlichen Notizen beschreiben die Geschichte des Hauses und wer auf der Aufnahme zu sehen ist. (Foto: Renate Krüger)

Das Weidemann-Haus in Keitum, Anfang der 1970er-Jahre. Hier lebte von 1926 bis 1967 der in Hamburg geborene Maler und Aktfotograf Magnus Weidemann. (Foto: Renate Krüger)

Das Meerwasserfreibad in Keitum. Es wurde 1969 eröffnet und musste 35 Jahre später geschlossen werden. Sylter und Urlaubsgäste haben hier schwimmen gelernt und ihre Schwimmabzeichen gemacht.

Das Freibad mit seiner großen Liegewiese, 1978.

Bau der Autobrücke über die Bahnstrecke bei Morsum, um 1926. Die Bahnstrecke selbst ist auch noch nicht fertiggestellt.

Der Archsumer Pesel im Jahr 1978. Der Gasthof war sehr beliebt, vor allem wegen der Bratkartoffeln.

Der Bahnhof Morsum, ein Jahr nach der Einweihung des Hindenburgdamms, im Jahr 1928. ▶

St. Martin in Morsum, aufgenommen 1960. Wie in Keitum steht die Kirche etwas abseits des Ortes auf einer flachen Hügelkuppe in den Marschwiesen. Auch im Grundaufbau ähnelt sie der Keitumer Kirche, ist jedoch deutlich kleiner und turmlos. St. Martin wird erstmals 1240 urkundlich erwähnt.

Rantum und Hörnum

Auf einer Seekarte aus dem Jahr 1142 wird Rantum erstmals erwähnt. Sturmfluten dezimierten das Marschland, Wanderdünen wälzten sich über den Ort. Daher musste er an anderer Stelle mehrmals neu aufgebaut werden. Die wenigen Bewohner waren arm und lebten noch bis ins 18. Jahrhundert vom Strandraub. Während des Zweiten Weltkriegs wurde, wie in List, ein Seefliegerhorst gebaut, was dem kleinen Ort ein ganz neues Gesicht gab. Strandräuber gab es auch in Hörnum, denn Landwirtschaft war im Süden der Insel aufgrund des kargen Bodens nicht möglich. Bedeutung als Hafen erlangte Hörnum Anfang des 20. Jahrhunderts. Damals wurde im Naturhafen ein hölzerner Anleger gebaut, der eine Verbindung Hamburg–Cuxhaven–Hörnum möglich machte.

Die Gaststätte „Rantum Hüs", Hotel Pension T. Rechenberg, im Jahr 1955. Im linken Teil des Hauses war Ende der 1960er-Jahre der Sommer-Dorfpolizist untergebracht.

Die Rantum Inge, großflächige Salzwiesen an der Ostküste von Rantum, stand bei Sturmfluten regelmäßig unter Wasser. Dieses Foto stammt aus dem Jahr 1950.

Das Gasthaus „Rantum-Inge“ im Inge-Merret-Lassen-Wai, anno 1952. Es liegt in bester Lage direkt am Watt und war Kulisse in vielen Fernsehfilmen.

◄ In den 1930er-Jahren: im Tiefflug über das noch sehr dörfliche Rantum. Im Hintergrund die Rantum Inge. (Foto: Renate Krüger)

Das Hamburger Jugendferienheim Puan Klent: Haltestelle der Sylter Inselbahn zwischen Rantum und Hörnum. Ein Foto aus dem Jahr 1927. Der Arzt Knud Ahlborn kaufte 1919 die beiden ehemaligen Kriegs-

lager Klappholttal und Puan Klent. Mit Unterstützung der Stadt Hamburg eröffnete er das Ferienlager Puan Klent.

Das Ferienlager Puan Klent im Jahr 1930.

Vom Glockenturm ertönte das Signal zum Essen. Bei gutem Wetter wurde gern draußen aufgetischt. Wie hier, im Sommer 1930.

Ankunft in Hörnum Nord mit dem Schienenbus der Sylter Inselbahn, 1954 .

Das Foto aus den 1950er-Jahren zeigt die Einfahrt der Inselbahn in den Bahnhof Hörnum.

Bahnhof Hornum. Nachdem die Fahrgäste ausgestiegen waren, fuhr die Lok zur Drehscheibe und wurde umgesetzt, um nach Westerland zurückzufahren. Foto aus dem Jahr 1954.

Die alte Wasserturm-Ruine von Hörnum mit Blick auf den Leuchtturm, 1954. 1906 wurde der Hörnumer Wasserturm gebaut. Nach dem Anschluss Hörnums an die insulare Wasserversorgung 1942 wurde er überflüssig und schließlich 1967 abgerissen.

Der Hörnumer Hafen mit Seebrücke. Am Anleger liegt das Passagierschiff Cobra. Die Cobra, ein Seebäderschiff der HADAG, lief 1926 in der Vulcan Werft, Stettin, vom Stapel und wurde in den Sommermonaten im Seebäderdienst auf der Route Hamburg–Cuxhaven–Helgoland–Sylt eingesetzt.

Ähnlich wie schon in Munkmarsch, wurden die Fahrgäste direkt mit der Sylter Inselbahn an den Passagierschiffen in Hörnum abgeholt und nach Westerland gebracht. Foto von 1952.

Hörnum 1968. Im Hafen liegt das Segelschulschiff Gorch Fock. (Foto: Gästehaus Jacobsen)

Der noch ziemlich karge Hörnumer Hafen im Jahr 1954.

Hörnum 1929. In der Bildmitte der Bahnhof, im Hintergrund liegt die Cobra.

◄ Blick vom Leuchtturm auf Hörnum und den Hafen, 1952.

Bereits 1979 stürzte an der Hörnumer Odde ein Leuchtfeuer von der unterspülten Düne. Mittlerweile scheint es, als sei die Odde nicht mehr zu retten.

◄ Blick von der Odde nach Hörnum, 1952.

Auf Sylt gibt es kein schlechtes Wetter, nur falsche Kleidung. Das ist heute so und war es scheinbar auch 1953. Gutgelaunte Gäste am Deich in Hörnum. Im Hintergrund der Hörnumer Hafen.

Die Hörnumer Krabbenfischer setzten ihre Fangschiffe am Strand auf Grund, um die Unterseite der Boote zu säubern und von Seepocken zu befreien. Dieses Bild stammt von 1978.

Die Hörnumer Strandstraße 1951. Rechts die Hörnumer Fischbratstuben. Kein Auto weit und breit – heute undenkbar.

Damals sehr beliebt bei Einheimischen und Kurgästen, die „Hörnumer Fischbratstuben“ von Hildegard Starkjohann. Diese Preisliste in DM wünscht man sich heute in Euro ... Seezunge mit Kartoffelsalat für 3,50 DM und das war das teuerste Gericht. ►

HÖRNUMER
Fischbratstuben
geöffnet von 12-15 u. 17-20 Uhr
Inh. Hildegard Starkjohann
HEUTE
Wiener Schnitzel Tomatensalat Kart. Nachtisch 3,00
Kochfisch zerlassene Butter, Kart. grüner Salat 2,50
Seezunge gebraten Kartoffelsalat 3,50
Heilbutt-Filet " " " 2,80
Rotbarsch-Filet " " " 2,00
Schollen " " " 2,40
Würstchen mit Kartoffelsalat 1,50
Abends Saure Bratheringe mit Bratkart. 1,50

Chronik

1020	Errichtung der Keitumer Kirche anstelle eines früheren Odinheiligtums.
1141	Erstmalige Erwähnung des Gebiets unter dem Namen „Sild“ in einem Schenkungsbuch des Klosters Odense.
1231	Erwähnung des Gebiets unter dem Namen „Syld“ im Erdbuch des dänischen Königs Waldemar II.
1240	Erstmalige urkundliche Erwähnung der evangelisch-lutherischen Kirche St. Martin in Morsum.
1362	Verlust großer Marschflächen mit vielen Kirchspielen im Osten durch die Zweite Marcellusflut macht Sylt zur Insel.
1386	Königin Margrethe I. überlässt Sylt Gerhard VI., dem Grafen von Holstein-Rendsburg.
1422	Nach dem Sieg Hansischer Kriegsschiffe über eine dänische Flotte des Königs Erich von Pommern geraten mehr als hundert Sylter Seemänner in Hamburger Gefangenschaft.
1435	Der Frieden von Vordingborg beendet den Krieg zwischen der Kalmarer Union, der Hanse und Holstein.
1436	Bei der Allerheiligenflut versinkt Rantum in den Dünen, Eidum geht unter, die überlebenden Bewohner Eidums gründen auf Heideflächen nordöstlich der bisherigen Siedlung einen neuen Ort – das heutige Westerland.
1462	Erstmalige urkundliche Erwähnung des heutigen Alt-Westerlands.
1623	Im Verlauf des Dreißigjährigen Krieges kommen etwa 400 kaiserliche Soldaten auf die Insel, ziehen jedoch kurz darauf wieder ab.
1624	Ausbruch der Pest auf der Insel.
1635	Bau der heutigen Dorfkirche St. Niels in Westerland, nachdem die ehemaligen Eidumer 200 Jahre lang die Kirche in den Dünen nutzten.
Um 1640	Erstmalige urkundliche Erwähnung einer Schule im Kirchspiel Keitum.
1649	Erstmalige urkundliche Erwähnung der Gemeinde Hörnum, damals unter dem Namen Hornum.
1600–1700	Wachsender Wohlstand der Sylter Bevölkerung durch Walfang, Fischerei und Austernzucht.
Um 1700	Versandung des Königshafens.
1739	Errichtung des Altfriesischen Haus in Keitum, das heute noch Aufschluss über die Lebens- und Bauweise auf der Insel im 18. Jahrhundert gibt.
1766	Die Verkoppelungsordnung führt zu wachsender Verarmung.
1769	Bei der Volkszählung leben 2.814 Einwohner auf Sylt.
Um 1800	Durchsetzung der heutigen Namensschreibweise „Sylt“.
1825	Durch eine Sturmflut wird das Grab im Kolkingehoog zerstört.
1855	Erklärung Westerlands zum Seebad und damit Ablösung Keitums als bisheriger Hauptort der Insel; Errichtung des „Friedhof der Heimatlosen“ für Todesopfer, die an den Sylter Stränden angespült wurden.

Berlinge Sant
LIST
Mittel Sandt
INSVLA SYLT
Westerland
Keytum
Rantum
Hornum
Rode Sleff
Balckstein
Insula Fora
Morsum
Wyck
IORDT SANDT
Dieknecke
Ley Sleff
Panner Siff
Nesse hoeck

1856	Inbetriebnahme des ältesten Leuchtturms Kampen, der bis 1975 „Rotes Kliff“ heißt.
1859	Erscheinen des ersten Reiseführers „Fremdenführer auf der Insel Sylt“ von dem Westerländer Christian Peter Hansen.
1864	Der Deutsch-Dänische Krieg führt zur Eingliederung Sylts zu Schleswig-Holstein; wachsender Fremdenverkehr bringt mehr und mehr Kurgäste.
seit 1870	Aufzeichnung des jährlichen Flächenverlusts der Insel, bis 1951 beträgt dieser im Norden der Insel 0,4 Meter, im Süden 0,7 Meter.
1879	Bau eines kleinen Pavillons mit Bühne, nach mehreren Umbauten entstand hieraus die Sylter Musikmuschel am Strand von Westerland, in der heute noch regelmäßig Musikveranstaltungen stattfinden.
1887	Theodor Storm besucht die Insel und schreibt die unvollendete „Sylter Novelle“.
1897	Errichtung des Kurhauses Westerland, heutiges Rathaus.
1901–1970	Verkehr der Inselbahn zwischen Hörnum und List.
1901	Errichtung einer hölzernen Anlegebrücke anstelle des tidenunabhängigen Naturhafens Hörnum, Entstehung einer regelmäßigen Verbindung zwischen Hamburg, Cuxhafen und Hörnum; Hörnum erlangt so steigende Bedeutung als Hafenort und die Einwohnerzahl wächst.
1905	Westerland erhält das Stadtrecht.
1908	Weihung der größten Kirche Sylts, St. Nicolai.
1914–1918	Quartierung von 5.000 Soldaten der „Inselwache“ in Baracken und Lagern auf der Insel, jedoch keine Gefechte auf der Insel.

1918 Eröffnung des Flughafens Sylt.

1927 Eröffnung des Hindenburgdamms als Eisenbahnverbindung zum Festland, Einstellung der Fährverbindung nach Hoyer.

1933–1945 Funktionäre und Anhänger der NSDAP nutzten Sylt gern als Urlaubsort; ein Großteil der Anwohner brachte seine Unterstützung zum Ausdruck; Erklärung der Insel zum Sperrgebiet und Stopp des Fremdenverkehrs; Bau zahlreicher Bunkeranlagen.

1935 Ausweisung des Wattenmeers zwischen der Ostküste Sylts und dem Festland zum Natur- und Vogelschutzgebiet und als Teil des Nationalparks Schleswig-Holsteinisches Wattenmeer, außerdem Errichtung von Uferschutzanlagen (Lahnungen) zur Förderung der Sedimentation.

1938 Eindeichung des Rantumbeckens sowie Bau des Nössedeichs durch den Reichsarbeiterdienst.

1940 50 britische Flugzeuge werfen über Sylt 120 Bomben und 1.200 Brandsätze ab, die meisten fallen jedoch ins Meer oder in die Dünen.

1942 Anschluss Hörnums an die Trinkwasserversorgung.

1945 Anstieg der Einwohnerzahl auf bis zu 25.000 durch die Aufnahme zahlreicher Heimatvertriebener.

1949 Offizielle Anerkennung Westerlands als Seeheilbad.

1950–1970 Steigende Besucherzahlen durch den Bau vieler Gasthäuser, unter anderem Errichtung des „Neuen Kurzentrums“ auf Westerland.

1951–1984 Der jährliche Verlust der Inselfläche beträgt im Norden 0,9 Meter, im Süden 1,4 Meter, Hörnum und List sind besonders gefährdet.

1960er Installation von Betonblocksteinen (Tetrapoden) als Wellenbrecher auf den Buhnen.

1962 Hörnum wird durch Sturmfluten zeitweise vom Rest der Insel abgetrennt; Renaturierung Rantums und Einrichtung eines Seevogelschutzgebiets.

1968 Das Rantumbecken wird zum Europareservat erklärt.

1969 Fertigstellung des Kurzentrums Westerland nach dreijähriger Bauzeit mit den drei bis heute größten Apartmentblocks Sylts.

1969–1971 Planung des Großprojekts „Atlantis“ mit einem 100 Meter hohen Gebäude und neuem Kurmittelhaus stößt auf großen Widerstand seitens der Sylter Bevölkerung, die geplanten Kosten betrugen 100 Millionen Mark, Stopp der Planungen durch das Innenministerium Schleswig-Holstein.

1970 Fertigstellung der Kirche St. Thomas nach Entwürfen von Martin Christiansen, sie ist die jüngste unter Denkmalschutz stehende Kirche Schleswig Holsteins.

1972 Erste Sandvorspülung auf Sylt; die Heide- und Dünenlandschaft an der Sylter Südspitze (Hörnum Odde) wird zum Naturschutzgebiet.

1996–2003 Das Experiment, vor der Küste Sylts zum Schutz vor Erosion ein natürliches Riff zu errichten, gelingt aufgrund des Unterwassergefälles nicht.

seit 1983 Die Sandvorspülungsmaßnahmen finden von nun an jährlich statt.

seit 1984 Der Windsurf World Cup Sylt findet jährlich als weltweit größter und höchstdotierter Wettkampf des Windsurfens im September in Westerland am Brandenburger Strand statt.

1998 Eröffnung des Feuerwehrmuseum Keitum.

2001 Errichtung des Skulpturenensembles „Die Reisenden Riesen im Wind“ von Martin Wolke auf dem Bahnhofsvorplatz von Westerland.

2002 Abriss des ersten Hotelneubaus Westerlands von 1858 namens „Dünenhalle“, später „Hotel Union“.

2004 Inkrafttreten des Friesisch-Gesetz (Gesetz zur Förderung des Friesischen im öffentlichen Raum), es regelt unter anderem die zweisprachige Beschilderung von Gebäuden und Ortsnamen und legt Friesisch in den Kreisen Nordfriesland und Pinneberg als zweite zugelassene Amtssprache fest, auf Sylt wird traditionell der nordfriesische Dialekt „Söl´ring“ gesprochen; Eröffnung des Sylter Aquariums.

2005 Entfernung der Tetrapoden am West-Strand von Hörnum aufgrund ihrer für Sylter Strände zu großen Masse und dem damit einhergehenden mangelnden Schutz vor Erosion.

2007 Schließung der letzten militärischen Einrichtung auf Sylt.

2009 Fusion der Gemeinden Sylt-Ost, Westerland und Rantum zur Gemeinde Sylt; Roman Polański dreht für den Hollywood-Film „Der Ghostwriter“ mehrere Außenaufnahmen in List und Munkmarsch; Eröffnung des Erlebniszentrums Naturgewalten in List.

2010 Die Einwohnerzahl Sylts beträgt 20.852, dies entspricht 210 Einwohnern pro Quadratkilometer.

Buchhinweise

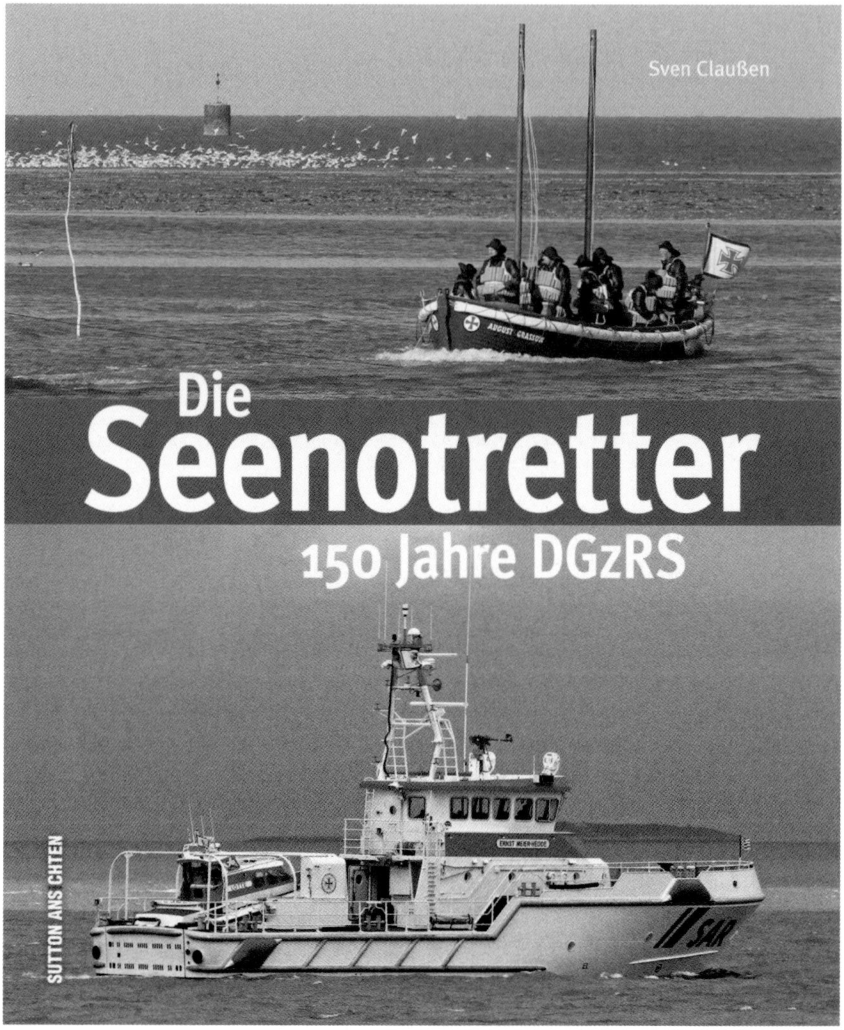

Die Seenotretter. 150 Jahre DGzRS

Sven Claußen

978-3-95400-561-1
29,99 €

Buchhinweise

Die Marschbahn

Auf Kursbuchstrecke 130 unterwegs zwischen Altona und Sylt

Manfred Diekenbrock, Daniel Michalsky

978-3-95400-852-0

20,00 €

Der Nord-Ostsee-Kanal
Geschichte eines Jahrhundertbauwerks

Hannelore Pieper-Wöhlk und Dieter Wöhlk

978-3-86680-468-5
18,99 €

Buchhinweise

Die Namenlosen von Amrum
Ein Insel-Krimi

Jürgen Rath

978-3-95400-455-3
13,99 €

Weitere Bücher aus Ihrer Region finden Sie unter:
www.suttonverlag.de